꽃밥 영혼

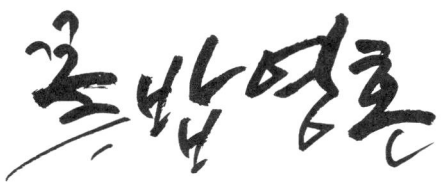

느낌까지 끌어안은 시화전(Ⅲ)
73인 공동시선집

머리말

어언 2023년부터 2025년까지 3년에 걸쳐 국회의원회관 1층 제1갤러리에서 개최한 "느낌까지 끌어안은 시화전-Ⅰ, Ⅱ, Ⅲ"을 진행해 왔습니다.

그동안 2023년 62명, 2024년 68명, 2025년 73명으로 참가자도 그 수를 더하여 가며 '장족의 발전'을 하였구나! 하는 생각하면서 시화전을 준비했던 3년의 기억을 뒤돌아보면 힘도 들었지만, 보람도 있었습니다.

<벼랑에 핀 꽃>, <낙엽 독백> 금년의 <꽃밥 영혼>에 수록하여 주신 시인님들, 표지 제자(題字)를 해 주신 손두형 시인님, 그리고 장소 선정에 도움 주신 국회의원 주진우 의원님, 박형수 의원님을 비롯한 관계자 여러분께도 감사의 말씀 드립니다.

사람은 자기의 얼굴에 세월의 흔적을 새기며 살아간다고 합니다. 우리가 지나온 세월, 생각과 가치관, 심리 상태의 모든 변화 하나하나가 얼굴에 흔적을 남기듯, 시의 제목부터 다양한 시들을 시화전에서 만나는 기쁨은 이루 말할 수 없을 정도였습니다.

특히, 나이가 들수록 자기 얼굴에 책임을 져야 한다고 하듯 시화전 작품을 보면서 하나하나의 詩 속에 숨겨져 있는 다양한 시인만의 독특한 소리를 찾아보는 재미도 컸습니다.

대지문학회의 시화전은 더욱 발전해 나갈 것입니다. 우리 모두 힘을 모아 함께 해 나가자고요.

그동안 대지문학회를 지켜봐 주시고 성원해 주시는 모든 분께 거듭, 거듭 감사드립니다.

2025. 10. 25
대지문학회 사무총장 겸 시화전 추진위원장
시인 朴謙 **박명호**

차 례

머리말/ 4
설레는 시화전 서시_김범식/ 10

강한희_삶이란 외 1/ 13
공영란_서리꽃 외 1/ 16
권고광_가을 나들이 외 1/ 18
권호숙_가족사진 외 1/ 20
기외호_사랑 외 1/ 22
김동대_아픈 사람 외 1/ 24
김명숙_시엄니의 겨울 길 보약 외 1/ 26
김민정_도시의 심장 외 1/ 30
김민지_십일월의 기도/ 외 1/ 32
김범식_코스모스 유희 외 1/ 34
김병노_어느 해 여름날 외 1/ 36
김선화_능소화 사랑 외 1/ 38
김영순_가을 사랑 외 1/ 40
김용기_남자의 강물 여자의 샘물 외 1/ 42
김용회_밤길 외 1/ 44
김제삼_빈손 인생 외 1/ 46
김종구_궁금 외 1/ 50
김종일_삶과 죽음의 사이 외 1/ 54
김진심_가끔은 하늘을 외 1/ 56

김형식_첫눈 외 1/ 58
김혜숙_행복 미소 외 1/ 60
나유순_여로(旅路) 외 1/ 62
남기재_그리움의 불꽃, 꽃무릇 외 1/ 64
박명남_친구의 함성 외 1/ 66
박명호_어느 시인의 겨울 외 1/ 68
박민경_제주 바다 외 1/ 72
박용진_추수 외 1/ 74
박정란_내 마음은 외 1/ 76
박정희_살아온 시간의 무늬 외 1/ 78
박종규_딱 그 한 사람 외 1/ 82
박중선_붉은 노을 외 1/ 84
변성옥_활주로 외 1/ 86
변철균_가을풍경 외 1/ 90
손두형_낙엽은 지고 외 1/ 92
송선원_소명 외 1/ 94
심상필_꿈의 바다 외 1/ 98
양해태_삼봉 그 이름 앞에 서서 외 1 / 100
염상희_다가오는 동장군 외 1/ 104

오세창_시인의 나라 외 1/ 106
우점숙_부부 외 1/ 108
유정아_오월의 싱그러움 외 1/ 110
윤주선_어른 외 1/ 114
이경호_땅끝 토문재 외 1/ 116
이기송_묵향 속의 여백 외 1/ 120
이명국_빨간 등대 외 1/ 122
이명희_아킬레스 근 외 1/ 124
이미소_늦가을의 상념 외 1/ 126
이상철_상처도 기적도 외 1/ 130
이신경_가을비 외 1/ 134
이원순_엄마의 미소 외 1/ 136
이재문_십자가의 다리 외 1/ 140
이정순_가을바람 외 1/ 144
이주영_낙엽 외 1/ 146
임진영_쌍팔년 적 이야기 외 1/ 148
장진규_노을빛 인생 외 1/ 152
전병덕_가을이 좋다 외1/ 154
전순덕_다시 만날 님 외1/ 158
전인자_난 어찌 하오리까 외 1/ 160
정광덕_태초의 모습 외 1/ 164

정권대_삐지고 나왔다 외 2/ 168
정남길_미리 가본 내일 외 1/ 174
정동욱_모닝커피 외 1/ 176
정유진_바람의 가을 편지 외 1/ 178
정철훈_하얀 세월의 길 외 1/ 180
제정호_그네 외 1/ 182
조문숙_몸이 보내는 편지 외 1/ 184
최진만_모퉁이의 꽃 외 1/ 188
한기룡_바다의 찬가 외 1/ 192
한수아_영흥도 꽃길 외 1/ 196
한종수_마음 껍데기 외 1/ 200
홍미옥_나의 아버지 외 1/ 204
홍오장_사방치기 외 1/ 208
황현_삿포로의 밤 외 1/ 210

편집후기/ 214

-서시-
설레는 시화전/ 김범식

활짝 피어나는 꽃도
향기 토하는 자연으로
비둘기 날갯짓도
자유를 선언하는 환희로다
움터 오르는 식물도
생명력 높은 기운 발하는구나

아름다운 세상 간직하고파
시로 나타내고자 하는
시인들 마음 한결같이 곱디곱다

가냘픈 것 놓치지 않고
그리는 솜씨 옹골차다
생의 무거운 짐도
지게 지는 머슴처럼 표하니
고명한 아름다움이로다

시화 펼치는 그날에
하늘마저 푸르른 까닭도
가을들녘 풍성한 여유로움도
흐르는 물결 따라 달리는
거북이도 등장할 것이라

저 멀리 화성의 상상도
천국 기쁨도 나올 것이니
설레는 기다림이로다

삶이란/ 강한희

누군가 그랬지
그토록 애타게 갈망하던
그날이 바로 오늘이라고

세상에서 가장 빛나는 보석은
지금이라고

인생 하나가 스러지면
도서관 하나 없어지는 거라고

어젯밤 꿈엔 나도 죽고
돼지도 죽었다
복권을 사야 하나
죽는 건 악몽이라던데

빛바랜 책갈피처럼
세월은 시들어만 가는데
어떤 색깔로 그려나가야 하나?

경호강/ 강한희

소 풀어 여름 뜯기고
벌거숭이 멱감을 때
은빛 소녀 반짝이며 손짓한다

강가 버들강아지 못 겨워
버들피리 꺾어 불면
아가씨 볼이 금세 붉어진다

배 띄워 노니는데
은빛 맑디맑은 선비는
어디로 사라지고 없어졌나

먼 산 구름 아래
굽이굽이 지나가는 길손
너른 바위 그대로인데
철부지 악동만 백발이 되었다

거울같이 맑은 물에
낚싯대 드리우니
추억에 비친 붉게 멍든
보름달만 껴안고 올라온다

서리꽃/ 공영란

무지갯빛 단풍 빛바래
하나둘 떨어질 때면
살갗 도려낼 듯
스산한 바람 후벼판 마음속

깊어진 국화 향기 속
그려놓는 그리운 사랑
떨림으로 초대한
달빛보다 고왔던 당신 숨결

응어리지고 다듬지 않은
못다 핀 꽃들 속삭임
밤새워 풀어헤친
그 흔적 햇살에 더 부셔라

꽃물 들듯 그리운 시절 / 공영란

사랑채 대청에서 바라본 쪽빛 하늘은
한가로이 날던 고추잠자리 놀이터

뜨락 지킴이 귀여운 흰둥이 노리개는
댓돌 위 오르간 건반 같던 꽃신

엄마처럼 따스한 해님 활짝 웃던 날
장독대 껴안고 지키던 봉숭아

백반과 찧어 고약처럼 착 붙인 손톱
동여맨 무명실까지 붉게 물든 유년 시절

첫눈 오도록 손톱 기르며 빈 꿈과 사랑
두 눈 가득 노을처럼 붉은 그리움

가을 나들이 / 권고광

가을바람 심술쟁이
계절을 재촉하니
기죽은 단풍잎
바닥으로 내려앉고

기세등등 더위도
이제는 고개 숙여
쓸쓸히 가는 모습 애처롭구나

가을바람 유혹쟁이
우리 부부 꼬셔내어
행복 찾아 저 멀리 떠나라 한다

모처럼 손잡고
나들이 가는 길엔
단풍잎 카펫 깔고
반갑게 맞이하는
오색의 단풍나무
오래된 내 친구
가을에만 찾아오는 연례행사다

웃으며 돌아가리/ 권고광

울면서 왔다가
울음 속에 돌아가는
나의 일생도 이것이런가

자고 나면 하루 가고
또 하루 지나가니
살 같이 **빠른** 세월
아껴 써도 소용없다

앞뜰의 벼 이삭 황금물결 이루는데
게으른 나의 열매 아직도 설익었다.

그래도 주인님 참고 기다리며
맡기신 일거리 마무리 잘하라고
또 하루 새날을 보내왔어요

이제 남은 날은
보내신 분 부르실 때
잘하였다 칭찬받는 계산서 들고
웃으며 돌아가는 청지기가 되리라

가족사진 / 권호숙

시골집 마루 벽에 걸린
빛바랜 사진
부모 형제는 늘 웃고 있다

숭걸 숭걸 앞니 빠진 아이
갈래머리 누나
심술보가 가득 한
꼭 다문 앵두 같은 입

그립던 옛 고향집
사진 속 가족은
이제 더 이상 어린아이가 아닌
노년의 길에 섰다

꿈에나 가보려나
나의 부모 형제
사진 속 그 얼굴
다시 보고 싶어진다

마침표/ 권호숙

끝나지 않은
새로운 도전은 시작이다

제2의 인생이 기다리는
삶의 징검다리 건너
황금기를 꿈꿔 본다

마침표를 잘 찍는
마라톤 완주자가 되어
인생의 즐거움을 찾고 싶다

사랑/ 기외호

저녁 일곱 시 약속인데
온종일 붕~ 떠 있다

일에 치이지만 하늘을 날 듯 가볍다
누가 뭐든지 부탁하면 다 들어줄 것만 같다
무엇이 나를 이리도 들뜨게 한단 말인가

점심을 건너 뛰었는데도 배가 부르고
네 시쯤부터는 가슴도 따습다
도대체 무엇이 나를 이리도 뜨겁게 한단 말인가

아~
사랑인가

물질/ 기외호

푹 빠져야 보인다

더 깊이 들어가야 잡는다

어디 단 한 번이라도

숨넘어갈 만큼 옴팡지게 빠지지 않고

알찬 것 건져 낸 적이 있더냐

인생도 그렇다

무엇에든 미친 듯 몰두(沒頭)해서 이룬 것이라야

깊이가 있고 속이 실하다

*물질: 해녀들이 해산물 채취를 위해 바다에 들어가서 하는 일

아픈 사람/ 김동대

이 세상에서 아픈 사람보다
더 불쌍하고 서러운 사람 있을까

이 세상에서 아픈 사람 보다
더 힘들고 괴로운 사람 있을까

이 세상에서 아픈 사람 보다
더 측은하고 외로운 사람 또 있을까

태어나서 죽음 맞이할 때까지
늙고 병들어 감은 자연스러운 현상
사람들 간절한 희망은 아프지 않고 늙어감

나는 죽음 맞이할 때까지
아프지 않고 잘 늙어갈 수 있을까

세상 사람들 모두
죽음 맞이할 때까지
아프지 말고 건강히 살아가시길
아프면 안 돼 아프면 안 돼요

하늘나라/ 김동대

하늘나라 어떻게 생겼을까
그곳엔 어떤 사람 살고 있을까
그곳엔 근심 걱정 없을까

고개 들어 하늘 쳐다본다
하늘나라는 보이지 않고
하얀 구름 몇 조각 떠다니는
빈 하늘만 보인다

사람 살다 죽어 황천길 갈 때
그때야 보이는 것일까
그냥은 보이질 않네

하늘나라 가면
먼저 가신 아버지 어머니
가깝게 지낸 친구들 지인들
두루 다 만나볼 수 있을까

고개 들어 하늘 쳐다보며
고개 갸우뚱 의문에 잠겨본다
하늘나라는 멀기만 하네

시엄니의 겨울 길 보약/ 김명숙

겨울은 며느리의 숨까지 얼리는 계절이었다
막달의 몸을 이끌고 따라간 길
그 길은 길이 아니라 의무였다

어머니는 말없이 방향을 정하시고
등을 내어주듯 걸음을 이끄셨다

큰 시누이 한약방 문을 여니
붉은 향기가 방 안을 가득 채웠다
말로 다 못 한 걱정과 사려가
쌓여 있는 듯했다

맥을 짚는 손길 앞에서
어머니는 조용히 말씀하셨다.
"애가 산달이라, 약을 먹여야지."

그제야 알았다.
그 길은 보약 때문만이 아니었음을
한 첩의 약 속에
며느리를 품는 사랑과 집을 지켜온
여인의 지혜가 녹아 있었다

그 겨울, 쓴 약은
몸보다 마음을 먼저 데워주었다
나는 비로소 알았다
가족이란, 바람처럼 차다가도
끝내 따뜻하게 스며드는 것임을…

갈바람을 걷는 풀잎/ 김명숙

안개비 내린 숲속
아스라이 번지는 그림자
바람에 흠뻑 젖어 든다

기러기 한 쌍, 고요한 물결에
사랑을 속삭이고
은빛 억새는
물 위에 드리운 그림자에 넋을 놓는다

비를 재촉하는 갈바람에
놀란 나뭇가지
휘청이며 몸부림치고
숲은 여기저기 반란의 아우성으로 출렁인다

그러나 바람에 쓰러져도
다시 오롯이 일어서는 풀잎
스치는 바람과 친구 되어
춤을 추며
휘파람 같은 바람 소리 따라
늦가을 숲길을 걷는다

도시의 심장/ 김민정

빛과 그림자가 엇갈리는 거리
숨 가쁘게 뛰는 발걸음 속에서
나는 도시의 심장을 느낀다

유리창에 비친 내 얼굴은
수많은 불빛 속에 잠기고
낯선 사람들의 속삭임 속에서도
나는 나를 찾아 헤맨다

밤이 깊어도
빛이 사라져도
도시는 멈추지 않고
그 심장 위에 내 꿈을 올린다

바람의 연인/ 김민정

내 곁에 머물던 바람은
말없이 스치고
남은 향기만 내 마음에 머문다

손끝에 남은 온기처럼
그대 웃음은 잔잔히 번지고
눈 감으면 떠오르는 그림자 속에서
오늘도 나는 당신을 만난다

조용히 내리는 별빛 아래
우리의 시간은 흐르지 않고
오직 마음만 서로를 안는다

십일월의 기도/ 김민지

잿빛 하늘도
아름답게 보이게 하소서

시월의 마지막 빗줄기에
뚝 뚝 떨어져
비에 젖은 낙엽도
서러워하지 말게 하소서

삐그덕거리는 관절들도
제 자리로 돌아와
첫눈의 사랑으로
포근하게 부드러워지게 하소서

돌아온 탕아
기댈 수 있는
넓은 가슴으로 받아 주소서

날마다 밝히던 촛불도
눈물 없이 빛나게 하소서

십일월의 기도에는
마침표가 없게 하소서

가을 편지/ 김민지

낙엽 위에 가을이라고 쓴다
바스락거린다

또 인생이라고 쓴다
비틀거린다

사랑이라고 쓰면
낙엽이 날아갈까 봐
멈칫한다

가을 편지는
아무 말도 쓸 수가 없다

느낌표만 남기며
누구에게도 보낼 수가 없어
빨간 우체통 앞에서
서성거린다

코스모스 유희 / 김범식

가느다란 몸에서
풍겨 나는 향기 고와라
아기자기 어울리는
사랑의 공동체 아닌가

동남풍 따라 흔들리고
마파람에 지쳐가니
위태로운 생명이라
대작하는 광풍에 맞서니
보는 눈이 힘겨워라

또렷또렷한 성품 따라
형형색색 품위 갖추니
무지개 피어나는구나

가을의 허상/ 김범식

보드러운 융단인가
금잔디 위 맺힌 이슬이라
비길 데 없으니
홀로 나는 독수리라

푸른 하늘 떠나 내려오는
고운 빛이 오묘하여
시선 사로잡는 술수로다

흐르는 낭만은
열매 찬양으로 다채롭다

푸른 빛 뽐내던
잎사귀 맥없이 나뒹군다

아름다운 무지갯빛
머금은 가을
영원하다 말할 수 없구나

어느 해 여름날/ 김병노

마당 가득 쑥 향 불 연기에
취한 모기들 비틀거리고
멍석에 나란히 누워
별을 헤아리던 누나

살포시 누나 가슴에
얹힌 나의 손
은하수에 포위된 별처럼
내 마음 설레게 했던 그 밤

지금은 아련히 그리움이
남아있는 곳으로 달려간다

콩밭 처녀/ 김병노

잡풀은 내 마음도 모르고
제멋대로 자라 밉기만 하다

늙은 어머니 줄줄 흐르는
땀방울 외면 못 해
밭에 따라왔지만
도시로 떠난 친구 생각

애야 뭐하니
저만치 앞서가는 어머니
호미 소리 멀어지니
허공에 대고 날 부른다

추석에 친구 따라
도시로 가는 꿈 꾸며
호미 던진다

능소화 사랑/ 김선화

일평생 한 사내만 바라보았소
잠깐 들려 가는 그 사람이라도
시 쓰는 그 사내 사랑하였소

사랑은 죄가 아니라지만
행여 당신이 오려나
송월각 담장 너머 능소화로 피어났소

법정 스님 곡주 팔던 곳이라
대웅전 세우지 않고
극락전이라 했소
내게 그곳은 극락이었소

아련한 추억의 편린들을 모아
적송 나뭇가지에
오늘도 당신을 기억하는
달그림자로 걸려있소

춘천 연가/ 김선화

평생을 아프게 해온
짝사랑이다

지나가던 구름 한 자락
소양강 강가에 던져놓은 곳

객지 표류하다
외로움 몇 줄 엮어

고향 하늘 바라보는
내 사랑은

죽음보다 깊은
지독한 사랑이다

가을/ 김영순

낙엽이 발자국 아래서 바스락거리면
잊혀 가는 희미한 영혼에
잔물결이 파도처럼 일렁인다

고요 속에 귀를 기울이면
가을은 말없이 다가와
작은 비밀처럼
내 마음 깊은 곳에서 속삭인다

바람에 흔들리는
갈대의 숨결
젊은 시절의 기억을 더듬으며
그리움의 강으로
천천히 젖어든다

흙 속에 피어나는 꽃/ 김영순

깊은 흙 속에
아픔까지 묻어버린
한 줌의 그림자

심장이 멎을 듯
먹먹한 그리움은
허공 속에서 메아리쳐 온다

말하지 않아도 몸은 기억하고
지우지 못한 흔적 속에
그 자리를 맴돌며 더듬는다

떠나는 영혼을
애태워야 하는가?
그러나 아픔은 꽃이 되어
다시 생명의 빛을 전하리

남자의 강물 여자의 샘물/ 김용기

남자의 강물은
돌부리에 막혀 흐르지 못하고

여자의 샘물은
새어 나와 고통을 부른다

흐름의 길은 다르지만
멈춤과 넘침의 괴로움은
똑같은 무게로 가슴에 얹힌다

요즘은 당신의 샘물이
불에 덴 듯 잦아들지 않아
밤마다 잠을 삼킨다

깊은 바닥의
숨겨진 돌부리와 상처 난 샘물이
어떠한 치료가 명약이 될까?

내 삶의 풍경/ 김용기

사는 일
잔잔한 연못 같았지
물결 하나 없이 고요한 하루하루
바람도 잠든 듯 시간은 미끄러졌고

급할 것
없는 날들 속에
나는 연못 가장자리에 앉아
돌멩이를 들고
연못 한가운데 던졌지

동그란
물결이 번져가며
삶이라는 수면이 흔들리고
낯선 풍경들이 나를 스쳐 간다

위에서 보고, 아래에서 보고
옆에서 바라보니
내 삶도 다르게 보이기 시작했어

난 그 가운데 조용히 웃고 있다
고요한 연못을 흔들어
내 삶의 풍경을 다시 그린다

밤길/ 김용회

무거운 하루 끝에
빛은 벽에 기대고
시간은 말이 없고
고요한 숨만 흐른다.

날벌레 휘젓는 허공
잔잔히 돌아눕는 기억
지나간 것들을 털어
가슴에 꼬옥 쥔다.

사그락사그락
굽은 길도 품으며
주워 담는 걸음걸음
다음 날을 꺼낸다

그곳에 있다/ 김용회

그곳에 있다
마음이었다.

마음에 단 날개
비행기로 달나라로 가고
마음 달리자
칙칙폭폭 떠날 수 있었다.

똑같을 수 없는 삶의 높낮이
울고 웃고
보듬고 헤어지는 그곳에
마음이 있었다.

생각처럼 되지 않는 것들
어찌할 수 없는 것들조차
요동치며 헤아리는 주파수는
그곳에 머문다.

이름있는 모든 것들
그곳에 있었다.
마음이었다.

빈손 인생/ 김제삼

인생살이 새옹지마
아무것도 아닌 것을

이런들 어떠하리
저런들 어떠하리

잘나면 얼마나 잘났고
있으면 얼마나 있으랴

웃으며 칭찬하고
덮어주고 배려하고
감사하고 나눠주며
건강하게 살면 될 것을

자식 사랑 내 사랑
손자 사랑 내 사랑

봉사하며 후원하며
밥 사며 사랑하며
열심히 사는 내 인생
좋구나! 좋다!

가는 길녘/ 김제삼

넘어가는 노을
인생 뭐 있나요?

살다 보니
아무것도 아닌
용서와 배려로 이해하며 살면 될 것을

내 뜻과 생각이
틀릴 수도 맞을 수도 있겠지만
굳이 자기 뜻대로만 살지 말아요

아픈 말 한마디로
가슴에 못 박지 말고
따뜻한 한마디로
치료가 될 수 있도록
무일푼 칭찬
아끼지 말고요

좋아도 내 사랑
미워도 내 사랑
그냥 그렇게 살면 좋으련만

미워한들 무엇하리오
그런 사람마저 없다면
외로워서 어찌 살까나

지는 해
긴 그림자 바라보고
동무하고 웃으며 같이 가는 것도
괜찮을 텐데

궁금/ 김종구

산 아래 밭에 감자를 심었다
일흔일곱 날 지나
힘차게 줄기를 잡아당겼다

다섯 돌 지난 손녀 조막만 하게
두 돌 앞둔 손주 새끼손가락만 하게
검은 흙 안은 채
조르르 매달려 나왔다

오래된 추억 한 장이
흙먼지처럼 피어올랐다

시골 여름
손님 오신 날
암탉의 배 속에서
껍질을 기다리던 자그마한 알들
조르르 매달려 있었다

내 인생의 줄기
쭉 잡아당기면
조르르 무엇 매달려 나올까

미움일까
사랑일까

미친놈/ 김종구

수요예배 후
교회 식당 밥상 앞에서
눈물이 흘렀다
아버지 생각이 났다

장손인 내게
"얘야, 교회 다니면
밥 주냐 돈 주냐?"

그 어느 날 성가대 연습 후
교회에서 밥을 주었다
집에 달려와 외쳤다

"아버지, 오늘 밥 주던데요."
"미친놈"

스물세 해 눈물 기도 끝에
예순 넘은 우리 아버지
주님을 믿으셨다

"아들아,
미안하다.
젊을 때 믿을 걸 참 좋다."

보고 싶다.
교독문을 친히 필사해 붙이던 손길
어머니와 함께 찬송가 부르던 모습

지금은 천국에서
주님과 함께
영생을 누리고 계실 아버지

듣고 싶다
미친놈…

삶과 죽음의 사이/ 김종일

생(生)은 외줄
죽음은 심연
난 그 사이
위태로운 걸음으로 선다

허무한 들숨은
시간을 재로 만들고
못 자국 선명한 음성
침묵을 찢는 부활의 빛이
어둠을 뚫고 스며든다

그 빛 앞에
죽음은 문이 되고
삶은 불꽃이 된다
오늘, 이 걸음이 곧
나의 영원이다

가을의 진짜 이름/ 김종일

하늘 향해 솟구치는 그 불꽃
황홀하여 쉼 없는 그 숨결
황금빛으로 익어가는 들판
생명의 약속으로 떨리는 공기

고요한 위엄으로 내게 다가와
금빛과 붉은 옷자락을
대지 위에 수놓는다

패배가 아닌 완성의 끝맺음
시간의 끝자락에서
영원을 품은 침묵이 깃드는 순간

그것이 바로 너의 이름이다

가끔은 하늘을/ 김진심

복사 빛 고운 두 볼
앵두 빛깔 입술
어디로 숨바꼭질
그래도 가끔은 하늘을 보자

오색 꽃구름 타고
온 세상을 유람하자
생로병사 잠시 내려놓고
향기로운 꽃향기에
잠자리처럼 잠들어 보자

인생은 짧지만
살아볼 만한
가치가 있는 것
따뜻한 가슴으로
험한 세상 끌어안아 보자

가끔은 하늘을 보자
천둥 번개 울부짖는 날도 오고
양떼구름 떼 지어
피어나는 날도 있으려나

서해의 상사화/ 김진심

서해 미술관 앞자락
선녀들이 하강한 것일까
산빛 같은 긴 대궁에 눈이 부셔
햇살이 부끄러워 차마 말도 하지 못하고

천만년 지나도 그대와 나는
영원히 만날 수 없는 그리움에
잎은 꽃잎을 연모하고
꽃잎은 푸르른 님 사모해 옹이가 되었네

고운 연분홍 저고리 입고
하늘로 올라가 보려나
허공에 맴도는 가슴앓이
너, 상사화여!

구절초/ 김형식

문밖에
그녀가 왔네

세월을 이고 지고
아홉 고개 넘어
은둔 중인 나를 찾아와
구절구절
하얀 삶을 부려 놓았네

엄마
생각나잖아요

나룻배/ 김형식

하늘 아래 첫 동네
티베트에서는
몸을 '루'라 한다

이 말의 함의는
'두고 가는 것'

그렇습니다
이 육신
저세상 갈 때
두고 가는 것입니다

행복 미소/ 김혜숙

생각만으로 입가에 미소가 생긴다
다섯 살 손자의 서투른
"미안해요"라는 말
돌아서서 눈물 훔치는
다정한 친구

사십이 다 된 딸
알콩달콩 사는 이야기
그냥 보고 싶어서
미소 짓는 나

하루하루의 표정 주름 속에
행복의 무늬가 새겨진 내 얼굴

모든 것은 생각하기 나름
너와 나 진심처럼
사랑 담아 바라보니
세상이 아름답다

커피를 마시며_이것이 인생/ 김혜숙

달콤한 속삭임
사랑과 이별도 있고
커피 향에 어울리는
우리들의 이야기가 그립니다

하늘을 바라보니
구름이 모였다 흩어지니
커피잔에 그려진
지난날의 그림자

남은 세월
마시는 커피에
우리들의 이야기가
어떤 향으로 다가올지
무얼 그려야 할지

모르는 게 인생
소풍처럼 살다 가야지

여로(旅路)/ 나유순

얼마나 그리우면 만나기 전
이토록 일렁일까

얼마나 그리우면 손 닿기 전
이토록 파고들까

얼마나 그리우면 너울 파도
출렁이며 반겨주나

푸른 너의 가슴을 열면
네가, 내가 우리가 함께였음을

굴곡진 여로 백사장 언저리
하얗게 풀어놓을 때

네가 있어 나 여기 있음을

언제 이렇게 컸나/ 나유순

손수건 빨 듯
손바닥만 한 딸의 바지
빨랫줄에 널어
하늘 높이 장대 꽂았네

구름이 턱 괴고
요리 보고 저리 보며
햇살이 다가와 토실토실
살찌우고

바람이 바지 속 드나들며
늘인 길이
어느새 이렇게 컸나
장대만 해졌네

그리움의 불꽃, 꽃무릇/ 남기재

평생을 기다렸으나
한 번도 만나지 못한 꽃과 잎

잎은 꽃을 그리워하고
꽃은 잎을 기억하지 못한다

올해도 또다시
하늘빛 가을을 붉게 태우며
끝내 부서질 그리움을 피워 올린다

사무치는 기다림이
그리움이란 이름으로 이 땅을 물들인다

그래, 상사화라 했던가
기다림이 지나쳐 그리움이 솟구쳐
튀어나올 듯하다

한강 불꽃놀이 축제/ 남기재

서늘한 바람이 흐르는 가을밤
한강 물 위,
어둠을 찢고 솟는 한 줄기 불꽃

번쩍이는 순간, 순간
별빛보다 환한 꽃으로 피어난다
퍼져 가는 불빛 파편 따라
백만 관중 탄성과 함께 환호가 물결친다

강물 위엔 흔들리는 반짝이는 꿈의 빛살
천 년의 기억처럼 가슴에 새겨지고,

우리는 서로의 불꽃이 되어
"함께 빛을 더하다."
그 말처럼,
우리는 잠시 하나의 별이 된다

아니 하나의 별이 되었다.

친구의 함성/ 박명남

파란 하늘에 뭉게구름
용솟음치고 꿈틀대며
너울거려 소리쳐 부르니

앞마당 모래밭에
힘찬 근육에
젊음이 넘쳐나고

아카이브 널 뛰는
사이사이로
눈들이 오가면

술 한잔에
널 부둥켜안고
노래를 부르며

사회에 큰 바위 되어
인의예지신의 마당에
나래를 폅니다

억새와 갈대의 우정/ 박명남

가을이면 분주한 철새
오고 가며 자리바꿈하고
초목도 변하지

여름 장미 계절을 노래하고
하늘에 멍게 구름
온천지가 황홀하지

흰머리 풍성한 관록
무르익은 흰 회초리
젊음을 어루만져

억새는 산과 들에
갈대는 바닷가에
머리를 흔들어 자랑해

억새는 산에서 영혼을 빚고
갈대는 바다 노래하며
만물에 기쁨을 선사해

어느 시인의 겨울/ 박명호

차가운 바람이 창을 두드린다

겨울이 깊어 가는 밤
손끝에서 떨어지는 한 줄의 시가
하얀 눈처럼 흩어지며
세상의 빈틈을 매운다

구름 속에 숨은 달빛이
어디선가 스미어 와
조용히, 그러나 분명히
시인의 마음을 차갑게 한다

불빛 하나 없는 거리를 걸으며
발자국은 눈 속에 묻히고
시인은 아무 말 없이
그저 겨울을 품고 있다

그의 마음속 겨울은
눈물처럼, 한 방울씩 쌓여
시간의 얼음 위에 고요히 떠 있다

얼어붙은 시린 풍경 속에서
그는 하나의 별을 찾는다

어느 시인의 겨울
그는 자신만의 언어로
세상의 차가운 숨결을 담아내고
차디찬 바람 속에서
조용히, 하나의 시를 완성한다

어무이/ 박명호

한낮의 열기 속에서도
바람 끝이 가늘게 서늘하다

햇살은 여전히 여름빛이지만
그 속에 한 줄 가을의 그림자가 스며든다

들녘의 벼 이삭이 고개를 숙이고
매미의 울음 끝에
풀벌레 소리가 얹힌다

짧은 여름의 숨결이
조금씩 뒤로 물러서고
가을의 첫걸음은 고요히 문턱을 넘는다

세상 가장 아름다운 그 이름
'어무이'

제주 바다/ 박민경

넘실대는 쪽빛 물결
하늘 담은 듯 맑고 깊어라
검은 현무암 기슭에 부딪혀
하얀 포말 꽃을 피우네

바람결에 실려 오는
짭짤한 바다 내음
숨을 크게 들이쉬니
가슴속 시원해지네

윤슬 반짝이는 수면 위로
부서지는 햇살
춤추는 듯 아름다운
제주의 푸른 바다

그 푸른 숨결에 기대어
잠시 시름 잊으니
마음마저 푸르게 물드는
평화로운 시간

가을 풍경/ 박민경

가을은 온통 시가 된다
떨어지는 낙엽 책갈피 속에
인생 여정 더듬는 추억의 소리

파란 하늘 코스모스
길섶에 이름 모를 야생화
들국화 한 송이 흔들림까지

여백에 아무렇게나 쓰여진 낙서
붉은 듯 떨궈 내는 나뭇가지
가을의 시 되어 나온다

오색 찬란한 낙엽
구름 몰고 다니는 바람
시에 들어오면
모두 가을의 노래 된다

추수/ 박용진

짧은 가을 저물기 전
바쁜 손길로
내일이 준비된다

씨 뿌리고
가꾸며 보낸
봄과 여름의 시간들이
활짝 만개하는 시간

지난 세월 동안
정성 들여 가꾸어 주고
흔들릴 때마다 잡아주던
여러 따뜻한 손길 덕분에

늘 미치지 못하는 아쉬움 뒤로하고
어느덧 마주하게 되는
인생의 추수

내가 꿈꾸는 세상/ 박용진

한때는
이런 세상이면 좋겠다고
꿈꾼 적 있지만
이제는 그런 꿈, 꾸지 않으련다

그 속에 살아가는 만물들
식물
동물
인간
모두 그대로인데
꿈꾼다고 크게 바뀔까

있는 그대로 조화 이루며
때로는 순하게
때로는 거칠게
앞으로 앞으로 나아가는
그런 세상

바로 지금 아닐까

내 마음은/ 박정란

그대가
밤하늘이라면
나는
그 하늘을 비추는
달이 되고 싶습니다

그대가
호롱불이라면
나는
그 불빛에 드리워진
긴 그림자가 되고 싶습니다

그대가
가슴에 시린 차가운 바람이라면
나는
그 바람을 막아줄
따뜻한 마음이 되고 싶습니다

그대가
버드나무라면
나는
바람에도 꺾이지 않는
가지가 되고 싶습니다

행복/ 박정란

숨조차 쉴 수 없이
달려온 세월

바람 앞에 흔들리는
촛불 하나

등잔 밑
그림자 하나
살며시 낚아채
재워두고 싶다

살아온 시간의 무늬/ 박정희

실오라기 닮은 선 하나 곧게 뻗는다
보일 듯 말 듯 기억이 날 듯 말 듯
기억 파편이 모이면 선은 색을 품고
겹겹이 모이면 추억의 층이 된다
사라지지 않고 남겨진 감각 이야기들

그 파편이 실 벽면을 넘어 추억으로 남는 건
감각이 눈물로 담아낸 이야기의 흔적
말로는 닫힌 꿈이 태어난 순간
시간이 선물을 건넨다

그 안에 채운 사유는
시간이 머문 공간의 그림자에 얹어져
알지만 언어로는 닿지 못하는 곳
비움과 채움의 몸짓으로 남는다

기억의 파편은 귀가 아닌 눈으로
점 선 작은 덩어리로 살아온다
시간의 접힘으로 사이사이에 깃든
비워지고 채워진 사유의 심연

있음과 없음으로 겹친 무늬
인생이란 이름표 속에 숨겨진 의미
그 속에 숨겨진 공허함의 틈 사이
밝은 빛 줄기 하나 찰나를 지난다

연속인 줄 알았던 시간의 허상
끊어지고 이어지길 수 차례
점을 넘어 이어진 그 선 위에
어제 오늘 내일의 영혼을
감싸는 회오리 선들의 숨결이 있다

없던 것에 다가서는 용기/ 박정희

캔버스 끝에 눈을 마주한다
손끝이 닿아온 시간의 조각을 누르며
어제의 끝을 부드럽게 훑고 놓아준다

붓이 닿은 듯한 흔적에 아침이 피어나고
빛과 그림자가 어깨를 맞대는 순간
몰랐던 꿈 하나가 틈을 연다

자신을 회색이라 부르고 숨었던 시간은
그의 팔 아래 붓 길로 부서지고
그 조각들 사이로
가느다란 여명의 실자락 빛이 스민다

붓으로 말하고 쌓아온 시간들
내 던져진 덩어리진 색 엉킨 선
그 속에 숨어든 빈 공간 깊숙이
가고 싶은 세상을 조용히 숨긴다

말 없는 그는
눈으로 귀로 세상을 읽고 만져도
자신 몰래 숨겨둔 자기를
붓 끝에 혼이란 이름으로 담아 던진다

한 점의 붉은 빛
점들을 이어주는 하늘거리는 실바람
그 끝에 이어지고 부서지는 선과 점들

그 속에서 매일
또 하나의 아침 여정을 그려낸다

딱 그 한 사람/ 박종규

이 세상 마지막이면서도
단 하나뿐이기에
감히 거역할 수 없는
그리하여 언젠가는 꼭 만나야 할
딱 그 한 사람을 사랑한다

눈에서
가슴으로 스미는
눈물 같은 순수함을 아는
내가 땀 흘리는 이유를 아는
딱 그 한 사람만을 사랑한다

나눔이란/ 박종규

누군가에게
끝없이
관심을 기울이는 일이다

내가 사는 곳에서
일터에서도
나무 한 그루에도
작은 풀꽃 하나에게도
아침상에 놓여 있는 사과 반쪽에게도

당연히 함께 살아가는 이웃집
나의 반려자 여보 당신에게도
물론 나를 전혀 모르는 지구촌 누구에게나

바람 소리라도
살펴보는 관심
내게는 나눠 갖는 큰 기쁨, 아닐까!

붉은 노을/ 박중선

하루가 저물어 갈 때
하늘은 더 깊은 빛으로 물듭니다

서쪽 하늘 붉은 노을 속에
우리의 삶도 고요히 빛나고 있지요

붉은 노을은 끝이 아닙니다
새벽을 품은 저녁처럼
또 다른 시작을 약속하는 빛입니다

오늘도 우리는 노래합니다
남은 날은 더 자유롭게, 더 포근하게
사랑하며 살고 싶습니다

인생의 저녁노을
그 아름다운 빛을 안고
우리의 내일은 여전히 찬란합니다

나 있음에/ 박중선

나 있음에
세상은 조금 더 따뜻해지고
소소한 웃음 하나도
누군가의 하루를 밝혀준다

나 있음에
흔들리던 마음은 안아주고
사랑의 속삭임으로 품는다

나 있음에
길 위의 바람도 노래가 되고
하루의 끝에 남겨진 여정은
희망의 길잡이가 된다.

나 있음에
나도 당신도 우리도
함께 살아가는 기쁨을
더 깊이 느낄 수 있으리라

활주로/ 변성옥

하늘 향해 쏜살같이 달려간다
비행기 날개

하늘과 땅을
연신 오르고 내려앉는 공항 활주로에는
긴 여정에서 돌아오고 또 떠나는 하늘 길목

하늘 높이 이륙하는 바람길
길게 뻗은 검은 아스팔트
가을바람 불고 비가 내린다

긴 여정에서
스쳐 갔던 수많은 만남과 이별의 활주로

지난여름이 떠나갈 때 안겨주었던
국화꽃 한 아름
어두운 밤하늘에 뿌려두고 갔는지
그리운 불꽃으로 여전히 빛나고 있다
별빛으로

사무치도록
사랑하고픈 날이면 별을 찾는다
어두운 밤 저 높이 어딘가에 빛나고 있을

어느새 가을바람 부는 길목에서
흔들리며 피어나는 언덕 위 들국화

출발을 기다리고 있는 공항 활주로에는
가을바람이 이착륙의 깃발을 흔들고 있다

혼돈의 굴레/ 변성옥

많이 알수록 행복해질까
때로는 모르고 대충 지나간 날도 행복했지

오래전 지구 가까이 다가오던 소행성
지구와 충돌로 지구 종말론의 뜬 소문으로
온 지구촌이 떠들썩했던 지난날
빗나간 예측은 큰 혼돈과 충격이다

끊이지 않는 가상 예측들
일기예보에 따라 우산을 챙기지 못해
비에 흠뻑 젖었던 날도 있었지

평생을 땀 흘려 일군 농토에
온 정성으로 가꿔 수확을 기다렸던 날
갑자기 태풍 불고 산사태와 홍수로
하루아침에 유실되었던
좌절과 허탈감에 빠진
농부의 어떤 삶도

사랑해야 할 날들이
그다음 날
사랑을 전할 수 없는 날로 다가오고

수많은 시행착오
알 수 없는 미래

혼돈의 내일은 언제나 오고
다시 떠나고 있다

가을풍경 / 변철균

앞산에는
산바람에 몸을 맡긴
나뭇잎들이 수런거린다

하늘 구름은
내 마음의 붓과 함께
맑고 투명한 도화지에
무지갯빛 수채화를 그린다

가을을
살포시 타는지,
노을이 붉게 번지는
하늘을 바라보면

내 마음속
미운털에 박힌
못된 생각이
저절로 녹아 버린다

목련은 다시 피는가/ 변철균

봄날
하얀 손바닥 터뜨리며
나에게 왔다

너로 인해
풍성한 대지는
생명의 노래가 가득하다

헤라의 질투인가
애잔한 너의 생애
무심한 당당함이 두렵다

다시
기지개 켜며
태초의 생명으로 잉태할 때

너에게
세월의 바람 소리를 들려준다
희망의 메시지를 듣고 싶다

낙엽은 지고/ 손두형

올해도 변함없이
계곡 따라 층을 이루어
노란색 주황색 붉은색 갈색…
온통 어울려 그림 한 점 만들고 있다

밑에서 올려다보면
햇빛 따라 더욱 곱다
나름대로 겨울 준비 힘들어하는데
눈길 주는 모두 감탄에 감동까지…

조금 뒤엔 흰색으로
밑칠을 다시 할 텐데
다시 고운 색 그리려면
한 해를 기다려야 하는 아쉬움 남긴다

낙엽은 끊임없이 지고
바람 따라 떨어져 쌓이는 잎들
이불 되어 덮고
지난날 기억들 머금은 채
겨울잠 재촉한다

그 섬이 다가왔다/ 손두형

붉은 불빛 몇 개가
수평선 끝에 반짝이고
달무리 어우러진 흐린 달은
빗물을 예감한다

파도 소리 점점 거세지며
공룡알 같은 검은 바위들
어루만지고 있다

새벽에 다시
느껴지는 인간사가
순간처럼 다가와 깊은 잠 깨운다

이른 봄 뿌릴 빗물은
눈발로 바뀌어 부를것이다
아픈 기억들이 다시금 찾아와
지금 순간을 흔든다

밤바다 앞세우고
그 섬이 성큼 다가왔다

소명/ 송선원

날마다 숨 쉬는 순간마다
주님께 감사드립니다

마땅히 한 줌으로 돌아갈 수밖에 없었던
저를 오늘날까지 삶을
연장시켜 주심을 감사드립니다

눈먼 바디메오 눈을 뜨게 하시고
미문에서 앉은뱅이 일으켜 세워 주시고
사지가 뒤틀려서 앉지도 걷지도 못했던
두루뭉수리가 되어 물 한 모금조차
먹을 수도 없는 저에게
예수 그리스도의 피의 공로로
살 수 있게 해 주신 예수님의 사랑
감사와 영광을 돌려드립니다

오직
십자가 이외는
자랑하지 않겠습니다
주님의 한량없는 사랑을
일평생 작은 입으로
전하는 사람이 되겠습니다

"주 예수 그리스도를 믿으라 그리하면 너와 네 집이 구원을 받으리라(행 16:31)."

침묵/ 송선원

물고기는 입으로 낚이고
사람 또한 말로 낚이네

한 마디의 미소가 문을 열고
한 마디의 칼날이 등을 찌르네

말은 화살 같아 되돌릴 수 없고
말은 불씨 같아 온 산을 태우네

요즘 같은 세상,
말 한마디가 목숨값이 되기도 하고
침묵이 지혜보다 귀한 날도 있지

그래서 나는 오늘도 삼킨다
말하고 싶은 그 순간을
조심스레 꿰매듯 다듬으며

침묵은 어쩌면
가장 빛나는 언어인지도 몰라

꿈의 바다/ 심상필

뜨거운 태양
파도 춤추게 하고

넘실대는 춤사위
뛰는 가슴을 맡겨 본다
먼 옛날 그랬던 것처럼

대양을 바라보며
품었던 푸른 꿈

부서지는 파도의 언어로
되돌아오고

채우지 못한
너와 나의 꿈은
갈매기 나래 위에 반짝인다

만리포 시인/ 심상필

여름 마지막을 불태우려는 듯,
작열하는 태양은
만리포 해변을 뜨겁게 달군다

숨 막히는 무더위
머리와 피부는 지쳐도

시인의 가슴은
넓고 푸른 바다처럼 넉넉해지고
폭발할 것 같은 태양도 끌어안을 만큼
뜨겁게 타오른다

그래서 시인은 또 사랑에 빠져든다

만리포 사랑

삼봉 그 이름 앞에 서서/ 양해태

진위의 고요한 언덕에 서면
바람도 잠시 숨을 고른다
그곳에서 우리는 삼봉 정도전 선생을 만났다
文憲祠(문헌사)를 지나 儒宗功宗(유종공종)의
懸額(현액) 그 앞에 선 마음은 경건했다.

개국의 기치를 들고
이 땅의 새 질서를 꿈꾸던 그 뜻은
오백 년 왕조의 기틀이 되었고
그의 붓끝에서 한양도성의 자리가 정해졌다.

이름 없는 백성의 눈물을 닦아주고자
예와 법, 정치를 하나로 세우려 했던 사람
책이 칼보다 강하다는 걸 몸소 증명한 사람
삼봉은 그저 유학자가 아니었다
길 위에, 조정 위에,
학문 위에 나라를 새긴 선비였다.

세월은 흐르고 시대는 바뀌었지만
그 뜻은 바람이 되어 오늘도 도성 위를 돈다
우리는 그분의 혼을 따라 걸으며
이 땅에 남은 '정도'의 길을 다시 되새긴다.

삼봉, 그 이름 앞에서
우리의 예와 도는 다시 숨을 쉬기 시작했다.

파도/ 양해태

말없이 밀려와
끝내 부서지는 것들

바다의 심장 소리를
하얀 물거품으로 토해내며
파도는 오늘도
한세상을 살아 낸다

닿을 수 없는
하늘을 바라보다
수천 번 스스로 접는다

그러고도 다시
가야 할 곳이 있다며
파도는 또 달려간다

닿지 못해도
흔적 하나 남기겠다는 듯
모래 위 조용한 외침처럼

다가오는 동장군 / 염상희

차디찬 숨결 몰아치며
차가움에 떨고 있는
들판의 나뭇잎 앞세우고

하늘은 더욱 푸르고
달빛마저 얼음 결에 갇혀
싸늘한 빛을 흘린다

나목의 가지마다
칼날 같은 바람 매달려 있고

이 혹한 속에도
봄의 씨앗은 땅속에서
깊은숨 몰아쉬고 있네

내 속에 바람 불어 좋은 날/ 염상희

가만히 있는
내 마음 깊은 곳에
낯선 바람이 일었다

잊은 줄 알았는데
그리움이 흩날리고
잊음 속에서 슬픔이
파도처럼 밀려왔다

그 바람은 차갑지 않고
내 안의 먼지를 털어내듯
오래 묵은 기억들을 흔들어
빛 한 줄기 남겨두었다

그날 이후 나는 알았다
내 속의 바람은
새로운 노래 시작케 하는
마음의 숨결임을

떠난 줄 알았던 것 추억들
일어나는 바람의 이름은
그리움이었다

시인의 나라/ 오세창

무릉도원보다 깊은 아름다운 나라
세월조차 발길 멈추는 곳

유토피아가 발아래 있는 나라
종일 석양을 볼 수 있는 곳

안개와 구름 밥으로 아침을 먹는 나라
별빛과 달빛으로 빚은 술이 있는 곳

새벽이슬 먹고 자란 불로초가 지천인 나라
질병과 근심 걱정이 없는 곳

여기는 시인의 나라
사람이 되어야 갈 수 있는 곳

시가 있는 세상/ 오세창

눈물은 노래가 되고
침묵은 빛으로 피어난다

하늘의 별빛은
내가 돌아갈 소행성이 되고

생활의 염려로 무거워진 몸
마음의 날개가 도와주리라

차갑게 굳은 가슴에도
시라는 윤활이 스며들면

아침 창가에 내려앉는 햇살도
마른 풀잎 스치는 바람도
오랜 사진 속 기억에 없는 미소도

따뜻한 온기로 살아나
모락모락 김이 되어 오른다

사랑도, 이별도
시가 되는 순간
윤기 흐르는 생명체가 된다

부부/ 우점숙

남남이 서로 만나
하나 되는 것

네 눈빛
네 목소리
네 향기
네 입술
네 살갗
네 사유
호흡까지도

숨 멈춘
그 하나 되어

새로운 생명 잉태하는
동심 일체

멧비둘기 사랑/ 우점숙

붉은섬 공원
멧비둘기 한 쌍

발가락 소실된
장애 남친
저항하지 않는 여친

장애 비장애
분별하지 않고

그저 사랑을 나눌 뿐

만물의 영장에게 주는
무언의 교훈!

오월의 싱그러움/ 유정아

연둣빛 초록의 입맞춤
햇살에 물든 잎사귀
바람도 웃는
오월의 싱그러움이다.

하늘은 한 폭의 수채화
구름은 유유히 흘러가고
이름 없이 피어난 들꽃들

새벽 공기는
풀잎 향 내음 품고
노래 부르는 작은 새들

모든 게
깨어나는 계절
세상은 다시 사랑을 배운다

오월의 싱그러움
기억의 숲
우리 마음 가장 푸른 곳에서
가만히 사랑스럽던 시절
추억 속으로 환하게 미소 짓는다

사랑 꽃/ 유정아

아무리 시간이 흘러도
눈을 떠도 감아도
마음속의 그리움
가득 고인 자식은
끝없는 사랑이더라

그 작은 발로
아장아장 걷는 걸음마로
신발이 닳고 양말이 구멍 난다 한들
어찌나 앙증맞고 사랑스러운지 모른다

활짝 웃는 모습에
귀여운 표정
더듬거리며 옹알거리는 말들

서로를 위하는 울타리
마음 한 켠에 애잔한 마음으로
수채화를 그려 놓은 듯

소중하고 귀한 보물
곱디고운 영원한
내 사랑 꽃이더라

나의 꽃, 내 사랑이어라!

어른/ 윤주선

선배니까
부모라서
다 어른이 아니다

나도 나이 좀 먹었다고
어른 된 건 아닌 듯하다

어른이라 하려면
먼저 모든 이의 친구가 되야겠지

어른처럼 살려면
누구나 용서해야겠지

예수님이 친구 되시고
하나님이 모든 걸 용서하셨듯이

2025.09.13 아내와 탄천 산책길에서…

감사할 이유/ 윤주선

자녀들에게 감사한 것은
늘 희망이 되었기 때문

옆지기에게 감사한 것은
나를 은근히 믿었기 때문

내 이웃에게 감사한 것은
모두가 내 교사였기 때문

부모님께 감사한 것은
갚을 길 없는 은혜 때문

하나님께 감사한 것은
사랑의 씨앗을 심었기 때문

"우리 주의 은혜가 그리스도 예수 안에 있는 믿음과 사랑과 함께 넘치도록 풍성하였도다. 미쁘다 모든 사람이 받을 만한 이 말이여 그리스도 예수께서 죄인을 구원하시려고 세상에 임하셨다 하였도다 죄인 중에 내가 괴수니라(딤전 1:14~15)."

땅끝 토문재 / 이경호

바다가 시작되는 남쪽 땅끝마을
이곳이 마지막 땅 일까 하는 두려움에
나지막한 령(嶺)을 넘지 않은
송호

어머니의 품처럼 부드러운 해안선이 있고
여인의 흰 속 살 같은 하얀 모래밭
어머니 젖가슴 같은 전복이 있는 바닷가 마을
송종

바닷가 서해랑길 보물 뽀얀 전복
밥상 한쪽 정갈한 자태로 자리 잡아 맛 자랑하는 김
빨강 황토 보라색 고구마 자라는 곳
해남

바람 세고, 파도 거친 송종 앞바다 폭풍 전야의 고요
창작 산통에 토문재 창밖 별 바라보며 지새운 나날들
책상 위 스탠드는 해시계처럼 시간이 멈추어있는
인송문학촌 토문재

총총 별 뜨는 깊은 어둠이 오면
딸랑딸랑 풍경소리 앞세워 회상하며 걷는 토문재 앞뜰
인송정 정자에서 바라보는 송정 밤바다
멀리 수평선에서 *구기가 올라온다

오늘 밤 그곳이 그립다

*구기(九氣): 한의학 용어로 기의 변화에 따라 심신이 달라지는 아홉 가지 상태로서 기쁨, 슬픔, 노여움, 놀람, 두려움, 그리움, 피로, 한랭, 열을 이르는 말이다.

기울어진 운동장/ 이경호

피…
그의 등에서 피가 흐른다
적장의 수하 피카도르1)의 긴 창이 꽂힌다
피는 등에서 다리를 적시고
전장 터 군데군데 붉은 흔적을 남긴다.

헐떡이는 피 섞인 분노의 숨소리
언제 당 한지도 모르는 긴 창이 꽂힌 등
콸콸 피를 쏟으며 다리의 힘줄이 튀어 오른다
두려움이나 패배, 절망의 그림자는 볼 수 없다

적을 응시하는 그의 검은 눈동자
반 토막도 되지 않는 작은 놈들
비록 창으로 뚫린 몸뚱이지만
아직 너 하나쯤은 하는 자신감을 내 뿜는다

적장 마타도르2)를 찌르려 했지만 힘겹다
놈은 긴 칼과 붉은 방패로 희롱하듯 공격한다
수하 반데리예로도는 소리 지르며 빙빙 돈다
농락하며 방해하여 그의 힘을 소비시킨다

---

1) 피카도르(Picador): 투우 경기에서 말을 탄 채 긴 창을 이용해 소의 목덜미를 찌르는 역할을 한다.
2) 마타도르(Matador): 투우 경기의 주인공이자 최종 책임자.

거친 숨소리, 힘에 겨워 반쯤 늘어져 내린 혀
그의 등에 또 창이 꽂힌다, 괴성을 지른다
아… 이제 가야 할 때인가
멀리 빵빠레가 울려 퍼진다

마타도르의 긴 칼과 붉은 방패가 다가온다
반격의 돌진, 순간 긴 칼이 등 깊숙이 박힌다
차가운 기운이 심장을 후비며 다리를 꺾는다
그는 산처럼 웅장하고 기백이 넘치는 존재였다

창보다 강하고, 칼보다 예리한 그의 뿔은 땅을 향해 처박힌다
오래전 그의 동료는 긴 칼이 심장을 꿰뚫지 못해 반데리예로3)의 푼티야4)에 찔려 죽었다

투우는 한 생명의 죽음이 예약된
기울어진 운동장에서 사냥하는 게임
인간이 조작한 공정의 가면을 쓴 잔혹한 경기

---

3) 반데리예로 (Banderillero): 화려한 장식이 달린 짧은 창(반데리야스)을 소의 등에 꽂아 소를 흥분시키고 마지막 힘을 소모하게 만든다. 이들은 마타도르의 지시에 따라 소의 움직임을 유도한다.
4) 푼티야: 투우사는 소의 목 뒤쪽, 척추와 두개골이 만나는 부분에 이 칼을 찔러 넣어 소의 고통을 빠르게 끝내고 경기를 마무리한다.

묵향 속의 여백/ 이기송

진한 붓질 푸른 먹물 한 방울
화선지 위로 스미는 순간
빛바랜 기억되고
고요한 울림 된다

손끝에 남아 있는
무수한 삶의 지문들
겹겹이 쌓인 시간이 빚어낸
색깔 없는 풍경들

채우지 못한 곳에
진정한 그림 숨어 있고
말하지 않은 곳에
가장 깊은 시 흐른다

돌의 침묵/ 이기송

태초의 빛과 밤의 그림자
강물의 무수한 질문들
차가운 몸으로 모두 삼킨 채
작은 강줄기 되어 흐른다

세상의 끝없는 모든 길
자신 향해 돌아오는 걸 알기에
무엇도 잡으려 하지 않고
무엇에도 흔들리지 않는다

한 번도 움직인 적 없으나
만상의 처음과 끝을 본 이야기
가장 무거운 침묵이
가장 큰 울림 품는다

바다를 닮은 하늘/ 이명국

하늘을 본다
바다를 본다

바다가 하늘
하늘이 바다

거센 파도도 하늘
새 떼 구름도 바다
하늘에 비친 은물결
바다에 비친 먹구름

캄캄한 밤이면
둘은 하나가 된다

빨간 등대/ 이명국

희망을 노래하듯
선착장 언저리 우뚝 서
그리운 등불 하나 비춘다

언제부터인지
내 마음 안엔 빨간등대
내 벗이 되어 있다

사랑하는 그대
항상 너를 그리며
유유히 흐르는 바다를 보며
갯마을 바다 내음
바람에 스친다

나에게 희망의 등불
나에게 그대 영원히…

아킬레스 근/ 이명희

아킬레스 근은 누구에게나 있다
어느 날 누군가가
그 아킬레스 근을 흔들면
멘붕이다

숨을 쉴 수가 없다
죽을 것 같다
백전백패이다
이길 수가 없다
무너지고 흔들린다

숨이 멈춘다
호흡이 멈춘다
정신이 아련하다
생사 구별이 안 된다
숨만 쉬고 물만 마신다

하루 이틀 지나간다
시간이 약인가
희석되어 간다
그래서 사람은 사는가 보다

시한폭탄/ 이명희

인생은 시한폭탄
언제 터질지 모른다

어제까지 멀쩡하다가
오늘 시한폭탄을 맞는다

죽든지 기사회생하든지
기사회생한 사람
겸손해지고 진지하게 된다

언제 또 시한폭탄 터질지
걱정도 하지만

이제는
오늘 하루,
아니, 오늘 한 시간의
소중함과 행복함에 감사한다

우리 인생은 그런 것
까르페 디엠
Carpe diem!

늦가을의 상념/ 이미소

바람에 흩날린 낙엽 하나
내 마음 위에
가만히 내려앉는다

비워낸 나무의 가지처럼
나도
조금은 비워내야 할 때임을 안다

한 계절을 태워 보내며
가슴 속 오래된 그림자와
마주 앉는다

떠나간 것들은
모두 바람이 되고
남은 것들은
더 깊은 침묵이 된다

늦가을의 길목에서
나는 사라져가는 빛을 붙잡지 않는다
다만, 저물어가는 하늘을
오래 바라본다

그리고 남은 마음 한 켠에
겨울을 맞을 작은 불씨 하나 숨겨두며
오늘을,
천천히 접는다

하루를 내려놓으며/ 이미소

오늘의 무게를
조용히 내려놓는다
기쁨도, 슬픔도,
모두 저녁 바람에 실려 흘러간다

남겨야 할 것은
감사의 마음 한 줌,
비워야 할 것은
아쉬움과 집착의 그림자,

하늘은 이미
어둠과 별빛을 섞어내고
나는 그 속에
고요히 앉아 숨을 고른다

하루가 나를 떠나가듯
나 또한 하루를 떠나보낸다

그리고 빈 마음 위에
작은 빛 하나 놓아둔다
내일을 다시 맞이할
따스한 희망의 불씨

상처도 기적도/ 이상철

살아있는 게 상처다
더 한 상처 주지 말자

살아있는 게 기적이다
더한 기적 바라지 말자

상처는 상처의 뿌리가 실신해
무성한 새끼 상처들을 무수히 만들고

기적은 기적의 뿌리가 너그러워
더 한 기적을 영글게 한다

살아 있던 그때 그 사람 생각하며
더 한 상처 받지 말고
더한 기적 원(願)으로 삼지 말자

한 사람 그 옆에 또 한 사람/ 이상철

두 그루 은행나무가 있는 집
양옆 가운데쯤에
두 사람이 서 있습니다

때가 오니 한 사람은 순순히 물들어
황혼 녘에 지는 날을 기다립니다

또 한 사람은 물들 기색도 없이
퍼렇게 서슬 진 미련 고집하고 있습니다

점잖게 물들어 순해진 사람은
마음 조신함이 그윽해 보이고
퍼렇게 질려 아니다 아니다 떼를 쓰는 사람은
그 미련하게 옹이 진 마음 알 수는 있지만

왠지 일찍 물든 이는 일찍
물리를 깨달은 현자처럼 그윽해 보이는데
혼자 물들지 못하고 찬 바람에 떨고 섰는 사람은
철이 덜 든 아이처럼 딱해 보입니다

아마도 옆에 있는 분을 닮지 않은 모양입니다

날마다 마주 서 있는 두 사람
서로 다른 생각에 골몰하고 있는데
우리가 맞이하는 계절은 또 바뀌어 갑니다

가을비/ 이신경

추억이 젖는다

비는
손끝에서 떨어지고

기다림보다 먼저
젖어버린 내 마음
그 속에 가을이 숙연하다

낙엽에 고인 빗물
어리는 님의 발자취

처마 끝 마지막 눈물은
겨울의 첫걸음인가

젖은 바람이
내 마음 뒤집어 말린다

가을비 내리는 날,
나는 창문이 된다

할머니 생각/ 이신경

감나무 끝에 까치밥 몇 개
찬바람에 가지 움켜쥐고 매달려 있다

홍시 쪼아 먹는 참새
젖을 빠는 아기
꽁지 파르르 떨면서 잘도 쫀다

흔적만 남은
감나무 젖꼭지에
어린 할머니 얼굴

조건 없이
베푸는 할머니 사랑

엄마의 미소/ 이원순

집 근처 지하철역에 도착하여
출구로 부지런히 나가는데
한 모자가 입구 게이트 앞에
서 있는 것이 눈에 띈다

고등학생 아들은 안으로 들어오는데
엄마는 뒤에서 잘 가라고 손짓한다
이를 모르고 아들은 그냥 들어온다

엄마 혼자 손을 흔드는 게 안돼 보여
"학생, 뒤 좀 봐!"
힐끗 돌아본다
엄마가 환한 미소 띠며
손을 더 크게 흔들어 준다
아들도 손을 흔든다

출구로 나오는 내게도
고맙다고 웃으며 인사를 한다
지하철역 안이 더 환해진다

*2025 서울시 지하철 공모전 당선작임. 축하드립니다.

아내의 미소/ 이원순

독립해 따로 지내는 큰 딸아이와
얼마 전 주말에 점심 약속을 하여
우리 부부가 먼저 식당에 도착하여 앉아 있는데
내 앞에 앉아 있던 아내가
내 뒤쪽을 바라보며 환한 미소를 짓는다

뒤를 돌아보니
딸아이가 우리를 발견하고
손을 흔들며 온다

집에서는 아내의 이런
천사 같은 미소를 본 적이 없다
딸에게만 보내는 미소인가

"여보,
나한테도 그렇게
미소 한 번 지어 봐"
속으로 말해 본다
입 밖으로 냈다가
어떤 반응이 나오게 될지 뻔하니

아들을 향한 엄마의 미소
딸을 향한 엄마의 미소
모나리자의 미소보다
더 곱고
더 아름답다

십자가의 다리/ 이재문

십자가
건너야 할 강
건너지 못하는 강
죄악의 강 건너는 다리

십자가의 몸
죄인인 나와 거룩하신 그분을 잇는 다리
십자가뿐
십자가
나의 죄를 씻어 자녀 되게 하신
천국의 다리

십자가의 팔
자녀들아 팔에 올라
함께 손잡고 춤을 추라
구원과 평화를 노래하며
십자가자녀합창단
줄지어 그분의 영광을 노래하는
찬양의 다리

십자가
관계의 다리

"보라 아버지께서 어떠한 사랑을 우리에게 주사 하나님의 자녀라 일컬음을 얻게 하셨는고 우리가 그러하도다 그러므로 세상이 우리를 알지 못함은 그를 알지 못함이니라(요일 3:1)."

라이프 스타일/ 이재문

인생길
오늘이 첫날
누구나 초행길

묻고 기다리게 하소서
내 마음대로 내 뜻대로 가지 않고
내 인생의 참 주인께 묻고 기다리게 하소서

듣고 따르게 하소서
내 인생의 참 목자 음성을 듣고
어디로 갈지 무엇을 할지 따르게 하소서

임마누엘
주님과 함께 걷게 하소서
말씀과 기도로
이를 위해 주님이 내게 오셨습니다

"여호사밧이 또 이스라엘 왕에게 이르되 청컨대 먼저 여호와의 말씀이 어떠하신지 물어 보소서(왕상 22:5)."

가을바람/ 이정순

어느새 가을바람
살포시 불어와
내 볼에 애무한다

길섶의 코스모스꽃
수줍어 빵긋 웃더니
고개를 살랑살랑 흔들고
햇살은 황금빛 들녘에
고운 옷 입혀준다

파란 가을 하늘에 흰 구름
천천히 걸음을 옮기는데
풀 섶에 귀뚜라미는 기꺼이
가을 시의 배경음악을 들려준다

빗소리/ 이정순

가을비가 대지를 흠뻑 적셔주니
뜨거웠던 여름을 생각하면
요즘 조석으로 시원한
가을 느낌이 든다

아마도 가을은
몰래 와서
대기하고 있었나 보다

이 비가 그치면
가로수 나뭇잎들 곱게 곱게
물들어 가리라

비바람 불어서
대지 위에 떨어진 잎사귀도
색깔 변했다고 지인으로부터
가을 소식 전송되었다

낙엽/ 이주영

낙엽이 돌아누웠다.
꼬집히는 통증에 휙 돌아누웠다.

끌어 올린 양 무릎 마른 젖꼭지에 대고
굽어진 등을 방패 삼아 온 삶을 끌어안는다

각질 덮인 발가락 끝만
퇴화한 꼬리 밑으로 삐져나온다

어미 몸에 매달려 푸른 세월 나폴거리다
이제는 마른 잎 되어 홀로 고향을 그리워한다

바사삭 부서지는 가을을 품에 안고
낙엽이 돌아누웠다

꽃밥 영혼/ 이주영

봄비 실려 내려와
소복이 쌓인 하얀 꽃밥
길 위의 영혼들
설움 안고 찾아든다

소박한 젯밥 위에
후다닥 걸터앉아
굶주린 배 가득 불려
굽은 등 곧게 편다

서로 염원한다
오늘의 조우가 새 봄에도
허락되길 바라며
다시 제 갈 길에 나선다.

쌍팔년 적 이야기/ 임진영

어릴 적에는 '쌍팔년 적'이란 말
많이도 듣곤 했는데
요즘에는 그런 말 들어본 일 별로 없다

쌍팔년?
단기 4288년
서기 1955년
지독한 흉년이 든 해 아닌가?

4월 중순쯤 비가 내리고
비 한 방울 볼 수 없다가
7월 말쯤 살짝 내렸을 뿐…

겨우 전쟁을 멈추고
전후 복구 사업하느라
숨도 제대로 가누지 못할 때 닥친
엄청난 재앙

농촌은 관개사업이 되지 않은 천수답
논과 밭은 농작물은 물론이고
풀조차 메말라 허옇게 맨살을 드러내고

배고픈 농민들은 곱 장리빚이라도 얻어
겨우 입에 풀칠하며 삶을 이어 가다가
가을에 빚을 갚지 못하면
야반도주가 상책이었던 시절

국가는 돈이 없어
미국 PL480 잉여농산물을 팔아
공무원 월급 주고 교육비 의료비를 충당
재정지출을 감당하고
정말 어려웠던 해
우리 집은
부모님께서 부지런히 일하셔서
겨우 먹고는 살았지만, 모든 게 부족!

지금은 세계 10대 강국 되어
원조받던 나라에서
도와주는 나라로 바뀌었으니
얼마나 고마운 일인가

온 국민이 힘을 합하여
번영과 영광의 길로 나아가기를 꿈꾸며…

우남 이승만 박사를 기리며/ 임진영

왜 그리하셨소
어쩌려고 그렇게 하셨소
나는 대통령 할아버지를 좋아했는데
무슨 까닭으로
어린 학생들의 가슴에 총부리를 겨누고
목숨을 빼앗았습니까

야당 후보가 서거하셔서
대통령 당선은 확정되었는데
부통령 때문에 그리된 것 아닌가요
부통령 자리가 뭐 그렇게 중요한가요
수백 명의 젊은 피와 바꿀 수 있는 자리인가요

양반 가문에 태어나셔서
어릴 때는 한학을 배우시고
배재학당에서 신학문을 접하시고
민중이 주인이 되는 나라를 세우려다
옥고를 치르시고
미국에서 조지워싱턴대학 학사
하버드 대학 석사 프린스턴 대학 박사
일본의 내막 책으로
전 세계인을 깨우쳐 주신 대통령!

어려운 여건에서
대한민국을 건국하신 대통령
공산 침략을 막아내시고
한미방위동맹으로 안보를 굳건하게 하시고
병원과 학교를 세워 문맹을 없애고
국민건강을 위하여 힘쓰며
전쟁의 잿더미 위에 과학기술을 일으켜
경제의 초석을 다지신 대통령

어찌하다가
3·15 부정선거를 저질렀습니까

잘못하신 것보다
잘하신 것이 훨씬 많아
오늘도
국립묘지 우남 이승만 대통령
묘소 찾아 경배합니다

하늘나라에서 영생을 누리소서!

노을빛 인생/ 장진규

육십 인생 노을처럼 익었다
지나간 날들
푸른 창공이야 없었으랴

해는 어느덧 떨어지고
어둠 당겨오는
시간 얼마 남지 않았네

내 마음 저 타는 노을 보며
육십 세월 저물어 간다

노을 따라가는 작은 새
차가운 몸 덥히는 듯
황금빛 노을 속으로 들어간다

홍어/ 장진규

술상 위에 홍어가 놓였다

깊은 바다 헤엄칠 때
조각조각 나뉘어
안주가 될 줄 알았을까

쇠꼬챙이에 찍힌 제 몸뚱이
조각난 달처럼 아픔도 모르고
아작 아직 씹히고 있는 홍어

홍어의 홍 자는
붉은 핏빛의 절규인가
홍어 한 조각 입에 넣으면
알싸한 그 맛에 홍어 짠해진다

가을이 좋다/ 전병덕

한 계단 한 계단 오르는 가을은
그림자가 작아져서 좋다

바람이 잔잔하게 불어서 좋다
때로는 비 오는 날도 좋더라
날 궂은 대로 가을은 좋다

파란 가을 하늘 햇살은 더 좋다
텅텅 비워져 가는 들판도 좋다
풍요가 곡간에 가득 쌓이는 모습은
생각만 해도 감사할 수 있어 참 좋다

먼 산은 바라만 봐도 좋다
물들어 가는 모습이
참 아름다워서 좋다

이렇게 오늘보다 내일은
더 아름다울 것 같아 좋다
참 아름다운 세상이 좋다

가을 오는 길목/ 전병덕

바람이 아직도
마르지 않은
땀방울을 가르고 스친다

알록달록 색감 좋은
비단을 감추고
샛길을 찾아오고 있다

나는
바람의 미소와
설레는 소리를 듣는다

샛길로 오는
바람을 맞으려면
예쁜 새 옷을 준비해야 한다

나는 지금
먼 산을 보면서
산을 재단하고 있다

올가을에는
화려한 옷 한 벌
멋지게 기워 입어야겠다

다시 만날 님/ 전순덕

고운 님의 순간마다
하늘빛 물결 스며
한 올의 숨결조차
향기 되어 피어나

다시 만날 그날까지
사랑으로 빌리라

오늘도 내일도
앞으로 날마다
날 위하여
수고하신 귀한 님

그대의 고단한 하루가
내 기도 위에 젖어옵니다

그리움의 눈물로
애절히 전합니다

문안 편지/ 전순덕

한 번이 아닌 그리움과
두 번이 아닌 사랑을

날마다 꽃잎처럼
기도에 실어 보내

그대의 하루마다
별빛처럼 고이 빌다
동녘에 아침 오면
서녘에 저녁 오듯

때맞춘 시절 따라
인연도 이어지니
그대의 발걸음엔
늘 고운 꽃길 되소서

난 어찌 하오리까/ 전인자

지방선거 내년 6월 3일
애타게 기다리는 지방선거
한마디로 힘들다
8개월 남은 지방선거
어떻게 맞이해야 하나

새벽 5시에 일어나서
출근 인사하고 나면
또다시 옷 갈아입고
아침 식사 마치곤 한다

오늘 하루 행사를 준비한다
어떻게 준비해야 할까
생각하면 가슴이 답답해서
소화가 안 될 정도다

꽃이 피고 지고
몇 번이나 지났던가
해마다 찾아오는 계절이건만
아름다운 꽃이 지겹기도 하다

하늘이여!
난 어찌하오리까

청개구리 / 전인자

15층 화분 옆에 청개구리 한 마리
비가 오는 날도 아닌데
어찌하여 여기까지 찾아서 올라왔을까
자그마한 청개구리 그 초록빛 몸
가만히 바라보니 마음이 찡하다

추석이라 조상 찾아
삼만리 찾아왔는가
멀리 떨어져 있다가도
명절만 되면 고향 찾아가는
수많은 사람처럼

삐 좁은 길 위를 묵묵히 달려
부모님 산소를 찾아가 절하고
도시의 콘크리트 틈새에서도
그리움 길 찾는 작은 한 생명체
내 마음 대신해 보여주는 듯하다

고향 향한 그리움
사람이나 청개구리나
다르지 않은 것 같다

사람의 따뜻한 본능
돌아가고 싶은 그곳으로
찾아가고 싶은 귀소본능

오늘따라 유난히
내 마음 흠뻑 적셔 준다

태초의 모습/ 정광덕

끝없이 펼쳐진 초원
밤하늘엔 별이 쏟아지는
아프리카, 그곳이 나는 좋다

흙 내음에 후각이 살아나고
맑은 공기,
마음껏 들이키니
몸 구석구석이 숨을 쉰다

붉은 해
어둠 뚫고 솟아오르면
온갖 생명 살아 움직이며
하루가 시작된다

새벽의 들판은
잘 차려진 아침 밥상
촉촉한 들풀로
허기와 갈증 해소하는 야생 동물들
끼리끼리 무리 지어 함께 살아간다
얼마나 한가롭고 평화로운지…

태초의 모습 간직한 채
자연이 살아 숨 쉬는
인간의 요람, 동아프리카
그곳이 나는 정말 좋다

떨켜/ 정광덕

울긋불긋한 잎새들
피맺힌 눈물인 줄
몰랐습니다

봄철에 키운 자식들
떠나보내는 아픔인 줄
몰랐습니다

잎새들 바람 타고 날아가면
그 자리 상처로 남는 줄
몰랐습니다

잊을 수 없는
이별의 흔적인 줄
몰랐습니다

삐지고 나왔다/ 정권대

누가 말렸을까
그 틈을
그 테크 바닥의 마디를

하지만 너는
기어이 삐집고 나왔다
어둠을 뚫고
겨울을 지나

숨은 멎을 뻔했고
눈은 감겼지만
생명은 가만히
몸을 비틀며 솟구쳤다

그냥 풀이었다
그런데 살아 있었다

삐죽이 솟은 그 한 몸이
마치 엄마가 잃어버린 아이를
군중 틈을 뚫고
찾아 나서는 그 순간처럼

너는
살겠다고 말하고 있었다
말없이, 너무나 또렷하게

당신도
삐집고 나올 차례다

나는 건조기가 얄밉다/ 정권대

나는 건조기가 얄밉다
햇살 좋은 날이면
긴 줄에 매달려 춤을 추는데

아가 옷도 삼촌 옷도
바람과 씨름하며
더 단단히 붙잡아 준다

내 몸속 작은 쇠심 덕에
흔들려도 무너지지 않고
가느다란 줄 위에서
세상의 균형을 붙든다

보잘것없는 나이지만
살갗에 닿는 옷마다
햇빛과 바람의 향기를
끝내 지켜낸다

숨 쉬는 차들/ 정권대

하루 종일 갇혀 지내는
은빛 소나타는 말이 없지만
밤이면 살짝 창문을 내리고
바람 냄새를 그리워해요

덜컹, 문짝에 상처 입고
돌아온 SUV는
오늘도 속삭여요
"괜찮아, 다시 달릴 수 있어."

트렁크 가득 짐을 실은 카니발은
매일 다른 이야기를 안고 와요
학원 가방, 장바구니, 캠핑 의자…
삶의 무게를 등에 진 채 웃고 있죠

차 주인의 손길에 반짝이는
스포티한 쿠페는 으쓱하지만
유리창 너머로는
조용한 외로움을 비춰요

초보 딱지를 막 뗀 경차는
오늘도 떨리는 액셀 위에서
조금씩, 천천히
자신만의 길을 배워 가요

그래도 우린 서럽지 않아요
비가 와도, 눈이 내려도
이곳은 우리 모두의 집
기둥 곁에서,
따뜻한 숨을 쉬는 곳

미리 가본 내일/ 정남길

한 번도 가보지 않은
내일을 미리 가보기 위하여
설레는 마음을 담아
떠날 채비를 한다

주식시장도 가보아야겠고
로또복권 추첨장에도 가보아야겠다
또 행복도 찾아보련다

어떻게 하면 더 행복해질까
복권 번호는 몇 번을 저장할까
어떤 종목의 주식을 사둘까

하루 빠르게 도착한 세상
돌아서 눈물 훔치는
미련만은 막아보려고
미끄러지는 세월에 몸을 던진다

살랑이는 숨결/ 정남길

석양 스러지는 창가에 앉아
흘러가는 구름
어깨에 기대어
잠시 머물러 본다

난꽃 매달렸던 자리에는
향기마저 엷어지고
그 빈 자리 채우는
몸짓은 고요를 흔든다

손 닿는 하늘은
여전히 멀고 차갑지만
그 끝을 향한 눈망울은
미련이란 글씨를 새긴다

사라짐 속에서도
그대의 기억으로
가볍게 내려앉아
살랑이는 숨결이 되고 싶다

모닝커피/ 정동욱

조그마한 찻잔
너의 온기 가득

입가에 닫으려니
짙은 색으로 날 유혹하니

모닝커피는
언제나 너의 향기

백로/ 정동욱

하얀 이슬 가슴에 닿으니
백로 아침 밝아 오네

풀잎 끝마다 송골송골
작은 보석 꽃피우고

뜨거운 여름 숨결 고이 잠들고
가을맞이 서늘한 향기 소리 없이 흐르네

대지는 은빛 옷 입고 고요히 빛나고
말없이 반짝이는 생명들

내 마음속 그리움 차오르면
새로운 계절의 문을 열어주는 시간

내 안의 그대 그리움의 문
비밀번호 어떻게 알아낼까

바람의 가을 편지/ 정유진

바람이 보내온 가을 편지 속에
낙엽 밟는 소리가 들려오네

바람은 붓이 되어 나뭇잎을 붉게 물들이고
머지않아 흰 눈도 겨울 편지를 보내오겠지
그리운 추억 노래 담아

시간은 화가처럼
파랗게, 노랗게, 빨갛게
내 인생을 색칠해 주겠지

겨울이 오면
눈 덮인 흰 세상에
흰 도화지를 펼치고
나는 또 어떤 그림을 그릴까?

나는 그 무엇도 아닌 이름/ 정유진

나는 아가씨도 아줌마도
할머니도 아닌 이름

시간의 강
그 어디쯤에 서 있는 나
피지 않은 꽃 봉오리와
지지 않은 낙엽처럼

세상의 모든 색이 내 안에 스며들어도
흰 눈 닮은 마음 한자락
순수의 빛으로

세상 기대에 못 미쳐도
그냥
자연의 일부로서
나의 길을 걸어갑니다

하얀 세월의 길/ 정철훈

하얀 세월

조용히 걸어온 저 길 위엔
기쁨과 슬픔이 고요하게 쌓였다

흔들림도 눈물도
사랑으로 감싸 안고
조용히 걸어왔다

편안히 걸어온 이 길
먼 듯 느껴진 길이었건만
귀에 익숙한 소리 들리는 것이
이제는 잰걸음이 필요치 않은 듯하다

남은 하얀 세월의 당신이기에…

길 위에 핀 노래/ 정철훈

길 위에 꽃처럼
노래 하나 피어
바람 타고 가니

돌 틈에도
작은 풀꽃은
눈부신 음을 머금고

잠시 머무는 마음
다시 걸어가는 길에
그 노래 남는구나

그네/ 제정호

그네를 탄다
앞산이 미소 지으며 다가온다
줄을 놓으니 온갖 망상이 날 괴롭힌다
세상사 모든 일
내 마음에 있었네

늘 그네 타고
그대 앞으로 그도 내 앞으로
팔 베고 누워
허공에 그네 걸어 마주 보니 즐겁고
그대에 빚진 근심 걱정 구름처럼 사라지고
마음은 늘 평온이 온다

오늘도 나를
거울 앞에 세워본다

말의 향기/ 제정호

말, 말 많은 세상
말 향기 수만리 가고
말의 독은 칼이 된다

심산유곡 나비 따라가면 꽃 본다
훈훈한 봄바람이 꽁꽁 언 산천 녹이고
새 생명 움트게 도운다

입은 늘 꽃단장 시키고
혀끝에 나오는 독은 사리를 만들고
욕심 버리면 말이 향기 되어
마주 앉은 이, 꽃다발 내민다

잡초 속에 핀 난초들도
길손은 다 안다

몸이 보내는 편지/ 조문숙

조용히 귀 기울이면 몸은 속삭입니다

"나를 너무 오래 잊고 있었어요"

조금만

천천히

다시 나를 돌아봐 주세요

통증은 벌이 아니라

신호입니다

당신을 멈추게 하고

자연과 다시 이어지게 하는

작은 손짓입니다

지금

이곳에서

당신은 괜찮습니다

숨을 쉬고

잠시 멈추고

다시 흐르기 시작하면

회복은 이미 시작된 것입니다

옆구리/ 조문숙

나는 몰랐다
내 옆구리에
그토록 많은 감정이
숨어 있는 줄을…

오래 앉아 있던 날엔
삶의 무게가 거기 머물고
혼자 울던 밤엔
서늘한 바람처럼
그곳이 먼저 굳었다

옆구리는 말이 없다
하지만 늘
숨을 따라 움직이고
슬픔을 따라 굳어갔다

나는 이제야

그곳에 손을 얹는다

한 번도 들여다보지 않았던

내 곁, 내 안

고요한 감정의 옆구리를…

그리고 조용히 말한다

"미안해"

나는 네가 아팠던 걸

이제야 알아서

이제

숨처럼 부드럽게 풀어 줄게

모퉁이의 꽃/ 최진만

아파트 골목 모퉁이의 이름 모를 들꽃들
아무도 돌아보지 않지만
겨울 어둠 속에 죽은 듯하다가
봄이면 살아나오는 꽃

나 세상에 나가고 싶어요
나 살아 있어요
나도 사랑을 받고 싶어요

아무도 못 말리는
땅속뿌리의 힘찬 용솟음
하나님의 위대하심이오

들꽃 하나도 길쌈 없이 자라듯
하나님 사랑받으며
하나님 말씀 따라
사람답게 살으리라

인간이 모르는 수수께끼
그 오묘한 생명력에 힘이 솟구친다

"인생은 그날의 풀과 같으며 그 영화가 들꽃과 같도다(시 103:15)."

건물에서 인생을 보다/ 최진만

아침 산책길에 보이는 다양한 건물들
아파트 빌딩 식당 상가 교회들
모양새도 용도도 다양하다
낡은 건물도 새 건물도

옛날을 생각해 보면
호롱불이 전깃불로, 우물이 수도로
장작이나 연탄이 가스로
스마트 폰은 예전엔 없었고…

세상살이도 이와 같구나
다양한 인간의 생김새와 성격과 직업
세월의 흐름 속에
어린이와 젊은이와 늙은이

건물의 전기 수도 가스 통신처럼
인간은 피와 기와 에너지와 마음을 주거니 받거니

건물은 리모델링이 가능하나
인생도 마음만은 가능하다

생물과 무생물의 조화와 교류
하나님의 작품과 인간의 작품
오, 할렐루야!

"마음을 다하며 지혜를 써서 하늘 아래에서 행하는 모든 일을 연구하며 살핀즉 이는 괴로운 것이니 하나님이 인생들에게 주사 수고하게 하신 것이라(전 1:13)."

바다의 찬가/ 한기룡

수천 명을 품은 거대한 크루즈 유람선
바다의 찬가(Anthem of the Seas) 호
코끼리 걸음처럼
바다 물결을 크게 휘젓고
앞으로 천천히 나아간다

하늘 남녘에서
나타나는 구름이
화가가 캔버스에
마음대로 붓칠을 한 것같이
자유분방하다

물결 헤치는 소리는
고요한 바다의 적막을
하나하나 자그막게 깨뜨린다

하늘의 구름은
해맞이를 준비하고
해는 수줍어하는 촌색시 얼굴처럼
작은 홍조를 띠며
그 모습을 살며시 보여 준다

나에게 다가오는 뭉게구름은
뒤쪽의 파란 하늘 운동장 삼아
하얀 알프스산맥 떠오른다

바다 위에 누우니 화사한 쉼
나에게 다가오니
하얀 갈매기의 꿈 꾸어 본다.

가을걷이/ 한기룡

뜨거웠던 8월 지나
9월 찬 이슬 맺는 白露부터
10월 서리 내리는 霜降까지
논밭 농사와 감 수확을 하는
농부들은 때맞추어 마음은 바빠진다네

그림 같은 예쁜 집 짓고
노란 감 농사하면서
낙향의 낭만을 즐기던 친구
가을에는 만날 수 없다네
이름하여 가을걷이 계절이란다
내 것 거두고 이웃 것도
품앗이한단다

좋은 감 정성스레 골라 내다 팔고
나머지는 곱게 깎아 햇빛 드는 곳에
걸어 놓는다네.

오직 한 곳을 향해 마음을 정하고
눈빛 날카로워지고 손놀림 분주해진다

한낮 뙤약볕에
얼굴과 팔에 그을음 남긴다
땀은 구슬에 되어 흐르고 허리춤에 찬 마른 수건
마를 새 없이 연신 적신다
고추잠자리 날고 코스모스의 이쁜 율동에도
눈길 한번 주지 못한다

단조로운 귀뚜라미 소리는
밤하늘의 달무리 속으로 사라진다

영흥도 꽃길/ 한수아

산벚나무
꽃잎 떨궈
초록 물들여 갈 때

'꽃졌다' 한숨 자리
하얀 꽃길 펼쳐
내어 주고

쑥차 한잔에
엄마의
쑥버무리를 생각하며
걷는 그 꽃길

어설픈 팔짱은
세월의 두께 때문인가
영흥도 뻘의
진득함 때문인가

지는 벚꽃은
꽃길을 만들고

지는 해는
붉은 노을을 만들고

지는 나이
친구의 웃음은
세월을 물들인다

언 바람/ 한수아

어디에서 와
어디로
가는지도 모르는

바람 끝에 얼어붙은
매콤한 추위가
귓불에 서걱인다

언 바람 끝에 매달려
허걱이며
실려 오는 봄

오늘
저를
고이 맞아 주라고

빨간 귓불을
웅웅거리며 지난다

마음 껍데기/ 한종수

뭐가 들었길래
알 수도 없고
파악도 할 수 없다

무슨 생각하는지
예측도 안 되고
짐작도 할 수 없다

어디로 튈지
가늠도 안되고
예상도 할 수 없다

만질 수도 없는 껍데기가
더 단단하고

보이지도 않는 껍데기가
더 오리무중이다

우리는 서로
각자의 껍데기 속에서
자기 성을 쌓고 있다

논개/ 한종수

으스스한 달빛
남강 바위를 감싸 안고

서늘한 바람
촉석루 성벽을 때린다

왜장의 칼집이
가슴을 아리게 하고

나라를 빼앗기는 설움에
목이 메었으리라

왜장 하나 없어진다고
전세가 뒤집혀지랴

여자의 몸으로
할 수 있는 최상의 일

나라를 살리는 충절은
의암 바위에 새겨져

147년 만에 인정되고
진주의 자랑이 된다

세기를 뛰어넘는
진주 시민의 사랑은

의기 논개가
최하층 계급에서
진주의 자부심으로 거듭난다

나의 아버지/ 홍미옥

보고 싶다
어디선가 날 부르며
햇살로 다시 올 것 같아요

길을 걷다가 당신 같아서
아닌 줄 알면서 따라간다

장맛비가 억수로 쏟아지던 날
물꼬 트러 삽을 들고 논으로 가신다

장맛비가 쏟아지던 그 여름
유실된 벼 모종과 아버지의
슬픔 어린 허망한 모습

개구리가 하얗게
밤새워 울던 밤
논에서 까맣게 흔들리던 모습

다섯 손가락 중에서 유독
가운뎃손가락에게 사랑을 주시고
마음을 무겁게 지워지지 않는 무게
아무도 모르게 견디며 바라보신다

이젠
부를 수 없는 그 이름
내 마음속 깊은 곳에서
영원히 당신은 살아 계십니다

채석강/ 홍미옥

봄이 오면 유채꽃이 만발하고
겨울이 빚어낸 웅장한 고드름
팔각정에선 음악이 흐르고
파도는 잔잔하게 노래 부르네

수평층의 암석이 책장을 넘기듯
바다가 세운 침묵의 도서관
겹겹이 쌓인 층암 절리 절벽이 있고
자연이 만들어낸 독특한 풍경이 있네

말없이 깎인 절벽엔
침묵조차 아름답고
밀려드는 파도는
어서 오라 출렁인다

겹겹이 펼쳐진
돌의 결마다
엄마 품처럼 따뜻함과
행복이 넘치고
나도 그 안에 스며들어
한 조각 빛이 되어본다

사방치기/ 홍오장

서랍 속 간직하던 조약돌 꺼내
사각형 사다리에 초점 맞춰 던지고
움직이는 말이 된 조약돌 주시하면서
고무신 벗겨질 만큼 우주 높게 뛰었다

사각형 속 장애물 통과하기 위해
장딴지 힘줄은 금지선 피해 가며
깨금발은 마침내 지경 끝 정복하고
행복한 홈으로 돌아왔다

사방치기는 그 시대의 연한 사슴처럼
푸른 꿈을 품을 꾸게 하였다

어느 메뚜기의 아픔/ 홍오장

올봄 뒷산 나무계단에서 만난
송장메뚜기 반가워서
가까이 다가갔으나
푸드덕 멀리 날아가 버렸다

여름에도 눈에 뜨이지 않아
장마는 어떻게 보내는지
사람 눈 피해 살고 있는지
궁금증이 생겼다

겉모양으로 붙여진 민망한
이름에 얼마나 속상했을까

더욱이 생존의 의미까지
빼앗은 것은 억울했다

진정한 평화 어디서 올까
남 비하하고 무시하기보다
불러주고 손잡아 주고
역지사지하는 마음에서 평화가 온다

삿포로의 밤/ 황현

흰 눈 사이로 눈 덮인
주막의 따뜻한 불빛이 반짝인다
골목 사이로 스미는 찬바람에
걸음을 재촉한다

사케 한 모금에
차가움을 녹이고
낯선 골목 익숙한
그리움을 마주한다

그리움 이란 고요 속에
더욱 깊어지는 생각들이다
그것이 곧 사랑의 또 다른 이름이 아닐까

하얀 숨결 퍼지는 한 잔
또 한 잔의 사케에
침묵이 공간을 채운다

낭만을 갈아 넣고
고요 속에 너를 생각하니
아름다운 빛으로
너를 그리게 되고 설령의 밤에도
주막의 등불은 꺼지지 않고
삿포로의 밤을 따뜻하게 녹여주는구나

고즈넉한 마음으로
마음 한 잔 놓고 갑니다

2025.9.28
다시 오고 싶은 북해도에서

아름다운 로맨틱/ 황현

서양 속담에 흐르는 시냇물에서
돌들을 치워 버리면

그 시냇물은 노래를
잃어버린다는 말이 있듯

소중한 인연 놓치지 않는
마음의 꽃은

세상에서
가장 아름다운 로맨틱이다.

편집후기

한 편 한 편의 시들은 마치 홀로 뿌리를 내린 강인한 나무와 같았습니다. 그 나무들이 모여 아름답고 깊은 "시의 숲"을 이루게 되었습니다. 다양한 시선과 주제가 한데 어우러져 더욱 풍요로운 열매를 맺게 된 것에 깊은 보람을 느낍니다. 시화전 공동시선집이 참여하신 시인님들께는 창작의 기쁨을 독자분들께는 깊은 울림을 전하는 소중한 선물이 되기를.〈공동시선집 편집위원 이기송〉.

설레는 마음으로 편집 작업에 참여하게 되었습니다. 평상시 독자로서 시를 읽던 때와는 달리 훨씬 무게감이 느껴졌습니다. 또 다른 눈으로 시인들의 아름답고 멋진 시들을 깊게 감상할 수 있었던 것은 또 다른 축복! 이제는 그냥 흘려 넘겼던 편집 후기가 나오면 더 관심을 가지고 읽어 보도록 하렵니다. 저자의 마음에 한 걸음 더 가까이 다가가겠습니다〈공동시선집 편집위원 이원순〉.

일상에서 건져 올린 감정에 언어의 옷을 입히며 설레기도, 고뇌하기도 합니다. 그 과정에서 우리는 삶의 본질과 마주하는 것 같습니다. 그렇지만 시를 쓰며 본질을 담담히 대면하는 사색의 시간은 진한 감동으로 남는 것 같습니다. 섬세하고 진솔하게 표현된 삶의 단면들은 시의 울림을 더하고 공감과 감동을 더욱 크게 선사합니다〈공동시선집 편집위원 이주영〉.

응급실 병실에서
쓰게 됨을 용서하소서!

해를 거듭할수록
대지문학 동인들의 작품이
시화전을 통하여
더 익어감을 봅니다.

때로는 그림으로
때로는 해학으로
인생의 깊이를 풀어 갈 때
시선과 마음이 머물 곳이 많았습니다.
〈공동시선집 편집위원 이재문〉.

공동시선집 제목은 이렇게 정해졌습니다. 143편의 시 제목 중에서 우선 19개로 압축해 보았고, 이 중에서 다시 12개로, 이것을 다시 '갈바람을 걷는 풀잎', '내 속에 바람이 불어 좋은 날' '꽃밥 영혼' '모퉁이의 꽃' 등이 마지막까지 남았는데, 이 중에서 '꽃밥 영혼'과 '모퉁이의 꽃'이 마지막까지 남았던 것을 심사숙고 끝에 '꽃밥 영혼'으로 정해졌습니다. 1단계는 편집주간이, 2~3단계는 편집위원이,

마지막 단계는 외부에 의뢰했음을 밝힙니다〈**공동시선집 편집주간 박종규**〉.

꽃밭영혼

초 판 인 쇄	2025년 11월 03일
초 판 발 행	2025년 11월 04일
지 은 이	박종규 외 72인
발 행 처	다담출판기획 TEL : 02)701-0680
	서울시 영등포구 영신로30길 14, 2층
편 집 인	박종규
등 록 일	2021년 9월 17일
등 록 번 호	제2021-000156호
I S B N	979-11-93838-60-0 03800
가 격	18,000원

본 책은 지은이의 지적재산이므로 무단전재와 복제를 금합니다.